AF203714

www.tredition.de

Joachim M. Karius

Punkt und Tusch

Aphoristisches Unkraut, Gedichte und Szenen

© 2016 Joachim M. Karius

Verlag: tredition GmbH, Hamburg

ISBN
Paperback: 978-3-7345-1511-8
Hardcover: 978-3-7345-1512-5
e-Book: 978-3-7345-1513-2

Printed in Germany

Das Werk, einschließlich seiner Teile, ist urheberrechtlich geschützt. Jede Verwertung ist ohne Zustimmung des Verlages und des Autors unzulässig. Dies gilt insbesondere für die elektronische oder sonstige Vervielfältigung, Übersetzung, Verbreitung und öffentliche Zugänglichmachung.

Ein Vermummter Philosoph

(Liturgie-Kanon)

Mein Gefolge, habt ihr es vernommen?
Habt ihr den Dreck vernommen?
Das Leben muss weitergehen,
egal wie dreckig man sich fühlt.

Die zwanghafte Angst ist meine Waffe!
Die hysterische Angst ist meine Waffe!
Segnet meine Waffen! Segnet meinen Namen!
Vermummter Philosoph J. M. K.
Jeder Scheinheiligenschein ist mein Spucknapf!

Spiel mit dem Gewissen

Brett vorm Kopf, das Spiel kann beginnen, das Spiel mit dem Gewissen!

Wie die Würfel fallen, der erste Zug der Anderen, geschummelt und mit einer Doppel-
moral gerechtfertigt!

Spiel mit! Wer nicht wagt, kann nicht gewinnen!

Brett vorn Kopf, das Spiel kann beginnen, das Spiel mit dem Gewissen!

Ständiger Neuanfang! Ständig das Spiel mit dem Gewissen! Nachspiel!

Ärger dich nicht, du musst auch verlieren können!

Tatsachenverdreher

Gereimtheiten, Ungereimtheiten, haltet den Fokus
voll drauf,
geilt euch daran auf!
Spiegelt eure verlogene Philanthropenfresse,
maust euch in eurem eigenen Interesse, dann
wird es richtig gut,
für Alle wird Alles gut!

Tatsachenverdreher, erbärmlich medienwirksam
Leben schenken
und ein erbärmliches Leben, leben!

Ziemlich unangemessen seid ihr Tatsachenverdreherfressen,
da ihr euch ganz ungeniert,
die verdrehte Wirklichkeit in die Fresse ejakuliert!

Freie Meinungsäußerung der Köder, die Medien
haben es an der Angel,
Vielleicht ist der Wahnsinn jetzt normal, vielleicht waren
Drogen im Spiel oder doch Magnesiummangel!

50/50 vorne weg, 50% Drecksvolk total bieder, käuert die
Medienkacke nicht hinterfragt einfach wieder!
Ihr entscheidet, wie man sich freut oder trauert, euch ist es

doch egal ob man vor dem Fegefeuer versauert!

Aber jetzt ihr 50% Speichellecker nehmt dies, ich schicke euch gern wie ein cooler Prinz, mit einem Schirm ins Paradies!

Also gebt die Ungereimtheiten weiter, den Fokus, ich halt drauf, weiter drauf! 3x dürft ihr raten, wer über mein Ich am Besten Bescheid weiß, egal wie und warum! Ein kleiner Tip! Ich, Ich oder Ich? Genau! Ich entscheide, was ich preisgebe und warum! Also fragt ruhig aber bloß nicht warum! Haltet den Fokus drauf, bis nix mehr übrig bleibt, bis euch der Boden unter den Füßen bebt und euch samt eurer morbiden Art hinweg schleudert!

Gebt die Linse weiter, den Fokus, ich halt den Fokus voll drauf!

Reality - Ego - Shooter!

Ich meine mit dem Fokus!

Hey, ihr kennt mich doch, ich bin einer der Guten!

Kosten

Zwei Erziehungsberechtigte unterhalten sich in einer Einkaufspassage.

1. EB: Sag mal, muss dein Kind beim Kacken auch so fürchterlich drücken?

2. EB: Nein! Das liegt bestimmt daran, dass ich mir keine Bioprodukte leisten kann und weil ich mit dem Wasser sparsam sein muss!

1. EB: Ist deine Wasserrechnung auch so hoch? Also ich kann mordsmäßig bei der Stromrechnung einsparen, ich kriege jedes Jahr eine saftige Rückzahlung. Das lege ich dann zur Seite!

2. EB: Mein Kind hängt dafür zuviel am PC rum und surft, im gediegen beheizten Zimmer! Aber mit dem Kacken klappt es! Vielleicht kann ich aber mit der Gasrechnung was rausschlagen, ich meine ich sehe gerade diese günstigen Schlappen. Lieber die, als ständig die Fußbodenheizung! Da ich, ich meine, mein Kind hat oft Durchfall und die Tabletten kriegt man nicht auf Rezept, diese Homöopathischen meine ich.

1. EB: Wie alt ist dein Kind jetzt?

2. EB: Neunzehn!

1. EB: Ach ja, ein Jahr älter als meins. Wie die Zeit vergeht, ich weiß noch als sie so im Vorschulalter Carrerabahn spielten, die Schlosstreppe hinunter, an diesen Geländern! Apropos Zeit, ich muss nach Hause, was zu Essen machen, bevor mein Kind kommt! Heute mach ichBratäpfel und gebratene Bananen!

Tränen des Lebens

Da sind sie wieder, die lebenden Leichen, aus den tiefen Kellern der Unvernunft!

Mit viel Farbe im Gesicht, die das Schwarz und Weiß übertünchen.

Sie sind immer dar und ich wandle unter ihnen, gefühlsmäßig! Ich werde nicht wie sie, ich weile nur unter ihnen, gebe ihnen Halt, halte sie jedoch nicht auf! Nicht mehr, nicht weniger, halt alles!

Hey, hier ist es schön grün, hier lasst uns ruhen, mit Blick durch die Eichen, in den Himmel mit den malerischen Wolken!

Und dann noch ein Stück , dann kommt der Fluss, der irgendwo ins Meer mündet, der soviel gibt und alles nimmt!

Tränen der Liebe, Tränen der Angst!

Tränen des Glücks, Tränen der Gier, Tränen des Zorns!

Tränen in denen sich spiegelt, ihr seht es, seht ihr in diesem, einen Moment hin, die Freude des wahren Lebens!

Einfühlsamen Flüssig

Eine Schwangere spaziert mit ihrem besetzten Buggy durch die City. Ein Mann, der gerade nach einer schönen Frau stiert, rempelt den Buggy leicht.

Mann: Sorry!

Frau: (gereizt) Na, wollen Sie sich gleich zu meinem Baby in den Buggy gesellen?

M: Och, wieso nicht? Auch ein bisschen nuckeln!

F: Unverschämtheit!

M: Ich bin doch nicht unverschämt, eher einfühlsam! Ich sehe, Sie sind mit Muttermilch überfüllt und gestresst!

F: (lacht) Ach irgendwie haben Sie ja recht. Meine doofen Stimmungsschwankungen, ich bin ein bisschen zu grob zu meinen Mitmenschen. Es ist wie bei meinen anderen Schwangerschaften, nach dem ich sitzen gelassen wurde. Immer ein auf und ab. Eine Berg- und Talfahrt.

M: Das kenn ich! Geht mir genauso, wenn ich ideengeschwängert nach ein paar Gläser Wodka, durch die Gegend marschiere.

F: Das bringt mich auf eine Idee. Gehen wir doch zu mir und trinken einen Wodka!

M: Bei dieser Hitze! Da können wir doch keinen Wodka trinken!

F: Ach ja und bei meinem Zustand.

M: Genau, hätte ich fast übersehen, aber nur fast! Gehen wir doch zu mir und trinken einen Einfühlsamen Flüssig.

F: Was ist denn das?

M: Matelimonade!

F: (augenzwinkernd) Ach wie einfühlsam und originell! Und Sie geben mir das Gefühl, dass sie nicht wie die anderen Schwachmaten, nur das Eine wollen.

Lass uns schnell gehen!

M: Jawohl Baby!

Dreckige Wahrheit

"Warte noch ein Ideechen, ich muss noch auf das Bidetchen",
sagte sie und ich schlief ein, während ich dachte, so was von etep-
etete, das kann nix werden.

Als ich aufwachte, zeigte sie mir wie ich mich irrte.

Seitdem wusste ich, die Reinheit ist öfters befleckt,

Sie ist wie die Wahrheit, manchmal befleckt,

Und so was von dreckig und unromantisch und

so was von dreckig, sowas von dreckig!

Frieden

Der Yorkshire der Millionärin hat ein

Che Guevara - Shirtchen an, weil er so

niedlich rebellieren kann.

Und du rufst nach Frieden und sie nach Gott, wir leben nach
2000, hey was soll der Schrott!

Demo gegen das Vergessen

Gestern standst du mit zerfetzten Klamotten, mit einem Shirt auf dem stand: "Knall mich doch ab Bulle", auf der Straße, gegen das Vergessen.

Heute stehst du in Designerunterwäsche, in deinen 120 Quadratmetern und rufst die Polizei, von deiner neuesten Smartphoneuhr aus, weil die "Asozialen Schmuddelkinder" da draußen, noch so spät gegen das Vergessen aufmarschieren.

Morgen rufst du vielleicht vergeblich, nach den Freunden und Helfern, wenn ein Junkie dich mit einer Spritze überfällt, da die überforderten Helfer vielleicht an einem anderen Ort, gegen das Vergessen demonstrieren.

Gegen das Vergessen halte ich fest: Ja wir verändern uns, wir werden auch älter und steifer, aber so doch nicht! Beharrt doch denkend an den Werten, gegen das Vergessen!

Punkt und Tusch

(So eine Art aphoristisches Unkraut)

Punkt und Tusch bringt das Leben auf den Punkt, mit einer federführenden Anregung zur aphoristichen, autobiographischen, biographischen Lebensweise, ganzheitlich betrachtet!

Ernst Heiter hat einmal gesagt: "Es gibt nichts wichtiges im Leben, aber jede Menge Wichtigtuer!"

Es wird aphoristische Granaten regnen, die so eine Art aphoristisches Unkraut streuen, auf das gegen Dummheit ein Kraut wächst!

Mit der Wirklichkeit und der Realität ist es ab und an so schwer, dass ich in die Träume flüchte, so verhalte ich mich auch bei Wahrheit und Lüge!

Was will ich im Paradies, wenn ich doch nicht mal weiß, was ich hier will!

Beziehungsratgeberaphorismus an alle angehenden oder seienden Pantoffelheldinnen und Pantoffelhelden: Lieber einen Ständer in der Hand, als einen Schlappen im Gesicht!

Flüsterschnatze, vor der eigenen Haustür zu kehren, ist keine Schnatzenkunst! Deine ist es rauzuprusten: "Es ist halt wie es ist!"

Dieser fürchterliche Mensch ist ein "Schlappmaul Lippen-schließer"!

Stabreim eines Rechtschreibeanarchisten: Klitzekleine Kacker kutschieren kroße Karosserien!

Vorsicht vor Verbrecher - Clubs: Die alternative, scheintolerante Diktatur beschwört einen subtilen Rassismus, der eine Grenzüberschreitung verhindern will und der genaue, zwanghafte Bewegungsabläufe verlangt und wehe man geht zu schnell oder kommt von einer Seite, die dem Wünschel-rutendenken widerspricht!

Nixland: Arschgeigen zelebrieren fiedelnd mit ihren selbstkonstruierten Vogelscheuchen im Arm ihr Brachland: "Nixland, Nixland überalles…" und demonstrieren nix anderes als ihren eigenen Schwachsinn!

Aufgesetzte Philanthropenfressen, die als Mutmachergurus unterwegs sind, brüsten sich gerne mit einfach herbei gezauberten Bau - Klötze - Staunen - Effekte, dessen Gesamtgerüst von devoten Semikünstlern, naiv wie die sind, gestützt und natürlich auf Knien vergöttert!

Ein bunter Hund betritt den Untergrund, ein bunter Hund bringt Farbe in die graue Meute, wohl wissend, dass sich die Alten gefälligst nach den Jungen zu richten haben!

Betrachte Hektik durchaus als nonverbales, metakommunikatives Tanzen, den eigenen Rhythmus suchend!

Revierideologenausgrenzung: Mein Revier, dein Revier, Ideologen raus aus meinem Revier! Grenzen sind auch ein Grundrecht! Pöbel-Parolen-Poser: Ja, wer gegen den Strom schwimmt, wer gegen heftigen Wind in die Pedale tritt, stärkt die Muskeln, wer jedoch gegen den Shitstorm dünn pfeift, der wird selbst braun!

Erzähl mir das ewige Märchen, faszinierend, teils rau und gnadenlos friedlich erscheinend, wie das ewige Leben selbst!

Open Happy End!?

Das Knöllchen

Ein homosexueller Polizist und ein Altenpfleger treffen in der Nähe des Hauptbahnhofs aufeinander. Begleitet wird die Szene von Autohupen und Anfeuerungsrufen.

P: Was glotzen sie denn so? Haben Sie noch nie einen schwulen Polizisten gesehen?

A: Äh, Ähm … ich wusste nicht, dass Sie ein Mokkastecher sind.

P: Mokkastecher? Sagen Sie mal, wollen Sie mich verarschen? Wollen Sie mich diskriminieren? … Hören Sie auf, so verschmitzt zu glotzen, sonst hole ich meine Handschellen raus, fessle Sie, führ Sie ab und dann kriegen Sie mal meinen Knüppel zu spüren, im Polizeiauto!

A: Äh, Sie interpretieren da etwas falsch! Ich bin von Hause aus Pflegekraft und da ist wohl in ihren Augen, der Helfer mit mir durchgegangen und da sie so liefen, als würden sie gleich A-A in die… äh ich meine in die Hosen keckern, da habe ich gedacht…

P: Oh, ein Denker! Lecker! (greift sich in den Schritt) Ein Denker, Oh, Ah, eine Pflegekraft, Oh, ah, ein Helfer, Oh, Ah, ein Deeenker! Oh, Ah, das war gut! Sie sind gut! Da haben

Sie ein Knöllchen wegen Erregung öffentlichen Ärgernisses und jetzt machen Sie sich ab, Sie Nichtbeamter, sie Deppchen! … Mach dich ab, du Oi - Doi, sonst gibt es einen Gong!!!

Vögel bei Krieg und Frieden

Ich gehöre zur Schar der grauen Vögel,
Unser aller ist ein Lied gewidmet, im Frühling
und ein jeder freut sich unser.

Im Frühling und im Sommer, alles so friedlich,
da fliegt meine beste Freundin in so ein
umweltfreundliches Windrad,
mein Gezwitscher wirkt fortan faszinierender.

Es ist Herbst geworden im Lande,
ich versuche mich zum Selbstdank
an Gottes Saft zu erlaben, an leckeren Trauben,
da bricht plötzlich der Krieg aus,
von allen Seiten wird geschossen.

Meine Schar versammelt sich,
wir beschließen die Flucht anzutreten,
bevor der kalte Winter ausbricht, die Flucht
gen Süden … dort soll es besser sein!

Verflogener Rauch oder
Ausgelatscht

Ein eitler Mann: Haatschiii! Verzeihung!

Ein ungepflegter Raucher: Gesundheit!

EM: Naja, bei soviel Rauchern wie Sie und den anderen Bakterien, die Sie verteilen, wage ich mich nicht, von Gesundheit zu sprechen!

R: Naja, für (hustet) jegliche Vorsorge, sind Sie doch selbst verantwortlich, also hören Sie doch auf, mir diesen Schuh anzuziehen!

EM: Ich ziehe Ihnen keinen Schuh an, obwohl, würde ich gerne, bei den, unfreiwillig nach Sandaletten aussehenden, ausgelatschten Slippern!

R: Werden (hustet) Sie bitte nicht ungehobelt. (baut sich auf) Das sind unüberlegte Äußerungen gegenüber meinen, im Übrigen aus Mailand stammenden Schuhe, die an Perfektion, kaum zu überbieten sind. Das verbiete ich mir, Sie Etepetete - Krankenschein - Suchtkrüppel.

EM: Verzeihung, ich meine, wenn die Schuhe, die Wanderung von Mailand bis hier her aushalten, dann haben meine Äußerungen absolut kein Gewicht und sind hinfällig! Darf ich Sie zu einer Shisha einladen, die qualitativ hochwertig zu betrachten ist. Die dienen sehr vorbeugend der Lungenfunktion, habe ich mir sagen lassen. Leichte Kopfschmerzen davon, stecke ich locker weg!

R: Friedenspfeife gelingt gut! OK! (hustend folgt er dem Mann)

Hierarchieleier

Aufpassen mit wem sie reden,

sie reden mit einem Vorgesetzten!

Ja mit einem Vorgesetzen,

da steckt vorgesetzt drin,

den Vorgesetzten vorgesetzt,

den Vorgesetzten wünsche ich vorgesetzt

und nicht den vorgesetzten, Vorgesetzten!

Aufpassen mit wem sie reden,

ich bin nämlich auch ein Vorgesetzter!

Da kommt ja noch ein Vorgesetzter!

Wen kriegt der jetzt vorgesetzt?

Diese Sprossen führen nach oben, ganz nach oben, höher und höher und stets steht einer über einem und sie führen ganz nach oben, als Agnostiker kann ich hier beruhigt einwenden, sie führen vielleicht bis ganz hinauf zu Gott! Sie führen aber auch nach unten, immer weiter nach unten und immer steht einer unten drunter und sie führen runter, immer weiter runter bis hin zur Hölle, bis hin zum "Kleinen Mann", dieser arme kleine Mann fühlt sich ja für immer alles verantwortlich, "immer auf den kleinen Mann", immer auf ihn drauf ... ach wisst ihr was der "Kleine Mann ist? Nichts weiter als ein vollidiotischer Schläfer, der wach wird, wenn Vollhorste an Vollpfosten rennen! Frauen sind da übrigens emanzipiert, es ist auf keinen Fall die Rede von der "Kleinen Frau", nein stets vom "Kleinen Mann", Frauen stehen da drüber und besänftigen den "Kleinen Mann", "Du Armer, soll ich dir einen Blowjob geben?" Und sie nehmen den angefeuchteten Zeigefinger und Daumen und beginnen den geringfügigen Stolz des "Kleinen Mann" zu reiben und holen ihn runter aus dem Himmel der allmächtigen Ohnmachtsphantasien!

Himmelbett "Vintage"

55 jähriger Hausmeister eines katholischen Jugendzentrums trägt dessen Sperrmüll raus, eine Frau an die 40, fährt mit dem Fahrrad vorbei und hält an.

F: Das find ich aber nicht so geil, was Sie da machen!

H: Was mach ich denn, ich bring den Sperrmüll aus dem Katholischen Jugendzentrum raus, also das wird nächste Woche ein Jugendzentrum sein.

F: Na, ich meine das Holz, das ist doch gutes, altes Holz! Das ist doch Vintage - Holz! Echtes Vintage - Holz!

H: Ach, da kann ich, bei allem Respekt vor meinen weiblichen Vorgesetzten behaupten, ja, die haben gut Holz vor der Hütten!

F: Ein Jammer! Also ich hab da einen Freund, der beschäftigt sich nur mit Vintage - Holz! Also echt schade, um das schöne Holz! Ein Jammer, das wegzuwerfen!

H: Ach wissen Sie, babbeln Sie mir doch keine Operette! Seit zwei Stunden bin ich hier beschäftigt, mit dem Krempel hier, da interessiert mich das soviel, wie, bei allem Respekt vor meinen heiligen Vorgesetzten, dem Papst seine …

F: Also, hören Sie mir auf, dieser Papst jetzt, also der hat doch wirklich, also der ist doch interessant! Aber das ist doch nicht das Thema, also das ist doch wirklich ein Jammer, mit dem Holz! Also mein Freund, der hat mir grade letzte Woche so einen Vintage - Nachttisch hergestellt, da steht ein Vintage - Bilderrahmen drauf, auch von ihm hergestellt, da ist ein

Bild meines entlaufenen Yorkshire drin, der Adalbert, auch ein so

schöner Vintage - Name. Hach, was der Adalbert jetzt so macht, ob er überhaupt noch lebt? Schade um das Holz!

H: Na, dann holen Sie doch Ihren Freund, ich meine er kann doch vorbei kommen und das Holz holen, ich meine, mir ist das untersagt, ich will meinen Job nicht riskieren. Ich kann das nicht tun, ich kann Ihnen da nicht weiterhelfen!

F: Hach, dieser Freund ist grade in Urlaub, in Mexiko, diese ganzen antiken Orte erkunden. Ein Jammer mit dem schönen Holz!

H: Na, wenn ich Sie mir so anschaue, ich will ja nicht zu aufdringlich erscheinen, aber, da würde ich mal eine Ausnahme machen. In einer Stunde habe ich Mittagspause, da könnte ich durchaus, Ihnen mit meinem Bus behilflich sein. Da sammle ich ihnen hier, ein paar von Ihnen ausgesuchten Latten, die kann ich dann zu Ihnen nach Hause bringen und nach Feierabend kann ich Ihnen dann was herstellen, so ein äh, Himmelbett "Vintage"!

F: Oh, das nimmt ja jetzt sexuelle Formen an, ich werde ja ganz rallig!

H: Ich mach Ihnen nicht nur ein Himmelbett, sondern auch

eine Liebesschaukel "Vintage"!

F: Mir schwinden ja die Sinne! Ok, ich komme in einer Stunde vorbei und heute Abend machen Sie mir dann das! Suchen Sie sich doch das Holz dafür aus und überraschen mich, ganz und gar!

H: Machen wir es so!

F: Ok, bis in einer Stunde!

H: Ist gebongt! Ich bin übrigens der Kunibert!

F: Hach, also so was, ich bin die Kunigunde!

Spinner

Der spinnende Spinnenguru analysiert von Spinnenguru "Spider", las gerne Spinnenmagazine und spannte ein System für Spinnenfans, mit einer "Spinnen - Hompage", "Spinner", es kam auch oft zum Spinnentreff, mit "Spinner" aller Art, mit angeleinten Riesenspinnen, deren menschliche Spinner spannten, dass diese vermenschlicht spannten.

Der Spinnenpsychologe wurde von mehreren Schwarzen Witwen getötet, bevor er den geplanten Spinnenzirkus eröffnen konnte. Er starb direkt vor der ersten Vorstellung, während Tierschützer vor dem Zelt protestierten, jede Hilfe kam zu spät und von den Spinnen fehlt jede Spur.

Der "Zirkus - Spinnen - Bursche", der nicht getötet wurde, verschacherte die Leiche des Spinnendirektors und es wurde später dann von Fans und Gegnern, des einst so angesehenen Spinnenpsychologen, vermutet, dass er vor lauter Schmach seines entfleuchten Ansehens wegen, gar nicht starb, sondern mit dem ganzen, erwirtschafteten Geld aus dem "Spinnenfreundbeutel", aus dem Staub machte, jetzt irgendwo inkognito im Dschungel lebe!

Und sie warteten bis er irgendwann im Spinner - TV zu sehen war. Verwechselten ihn manchmal mit dem Spinnen - TV - Doktor!

Spinnen die Spinner?

Behälter

Hobbycop: Darf ich Sie mal fragen, was Sie hier machen?

Frau im ausgeleierten Freizeitanzug: Gucken!

H: Gucken? Sie wollen doch hier Flaschen sammeln?

F i F: Kann sein.

H: Wissen Sie, dass man hierfür mittlerweile einen Schein braucht?

F i F: Weiß ich nicht. Hierfür braucht man einen Schein?

H: Wollen Sie mich veräppeln? So wie sie aussehen, kommen Sie doch aus dem heruntergekommenen Viertel und da spricht sich doch so was Ruckzuck rum. Ich lass mich nicht veräppeln! Das ist mein gottverdammtes Revier! Verstanden? Sie haben keinen Schein, also ab hier, sonst werde ich ungemütlich!

F i F: (zückt einen Ausweis) So mein Lieber, jetzt drehen wir den Spieß mal gepflegt um. Sehen sie sich diesen Ausweis genau an! Wissen Sie jetzt wer ich bin, mein Lieber?

H: Ach du meine Güte, Sie sind ja von der HSK, der Hygienesicherheitskontrolle!

F i F: Genau, ich komm von ganz oben! Vom Chef! Von dem schon mal gehört? Sie haben von ihm gehört! Dessen bin ich mir sicher! So, das Einzige was Sie richtig machten, war, mich zu belehren, dass man für das Flaschen sammeln einen Schein braucht, aber der Rest des Gesamtbildes war unter aller Sau! Was ist zum Beispiel mit dem Paragraph 1.007? Die Würde des Jäger und Sammlers ist unantastbar egal aus welcher Schicht er kommt. Und nehmen Sie mal ihren Zeigefinger und fahren sie über diesen Behälter hier! Na? Eine Staubschicht so dick wie, in Ihrem Fachjargon, würde ich ich sagen, so dick wie Ihr Fußkäse! Und was ist mit den Handschuhen, den Desinfektionsspendern und dem Mundschutz?

Wie soll denn hier jemand anständig Pfandflaschen sammeln können? Ok, ich rede nicht lange um den heißen Brei herum. Morgen bin ich um 10.00 Uhr wieder hier, wenn bis dahin die gesamten Behälter, nicht blitzsauber sind, bin ich übermorgen mit dem Chef persönlich hier und dann haben sie ausgedient! Haben sie mich verstanden? Sie haben! Ciao!

H: Ach du meine Güte, was mach ich jetzt, ach du Scheiße … (brüllt) Heeiinz, mach die Kippe aus und komm hierher und mach die Behälter sauber! Da muss morgen der Innenminister sein Kaviar draus essen können und sein Champus draus schlürfen können! Heiinnz, mach die Kippe sofort aus und komm her!

Heinz, mach jetzt, du Fachkraft!

Nimm öfters dein Krönchen vom Kopfe oder lass es wenigstens kurzweilig von deinem Gefolge absetzen, sonst schmückt dein Haupt, aufgrund von Druckgeschwüren, eher ein Verband, als deine Krone!

Mach dich aus dem Staub bei einer Allergie gegen Staub, denn, wenn sie Staub aufwirbeln, dann so richtig!

Irre

Irre, irre,
wir sind voll da!
Irre, irre,
heute, morgen, gestern!
Irre, irre,
Irre dem Ehre gebührt!
Irre, irre,
dem Wahnsinn so nah!
Irre, irre,
wir sind genial!
Irre, irre,
Irre dem Ehre gebührt!
Irre, irre,
wir reden so gern davon!
Irre, irre,
dann haben wir es getan!
Irre, irre,
Irre dem Ehre gebührt!
Irre, irre,
es ist so himmlich!
Irre, irre,

es ist so göttlich!
Irre, irre,
Irre dem Ehre gebührt!
Irre, irre,
wir sind einzigartig!
Irre, irre,
wir sind göttlich!
Irre, irre,
Irre dem Ehre gebührt!

Aphoristischer Schauer

Ich wanke durch die vor kurzem noch so belebte Gasse,

allein und einsam,

da läuft mir ein Schauer über den Rücken,

ein angenehmer Schauer, dieser Schauer bist du!.

Entspannungsprogramm aus meiner Wellnessbibel

Alles beginnt mit dem freudianischen Tanz,
man tanzt wie ein Filmindianer um ein imaginäres Lagerfeuer,
mit der linken Handinnenfläche erzeugt man Indianergeräusche,
mit der rechten Handinnenfläche ummantelt man...,
ach ihr wisst ja... ab gehts,
so hüpft ihr tanzend 10-30 Minuten rund herum,
dann seid ihr bestens vorbereitet für die absolute Entspannung.

Die absolute Entspannung beginnt ihr, je nach Verfassung,
mit einer Wodkadusche oder mit einem Whiskybad,
Frauen nehmen bevorzugt, Puffbrause, auch Piccolo genannt,
danach walkt ihr mit 2 Sixpacks unter beiden Armen, um das Gleichgewicht zu halten und zu achten, Frauen nehmen natürlich
2 Dreierpack Piccolo, zur ganz persönlichen, selbstbestimmten, selbsternannten Oase, setzt euch und entspannt euch bis zur völligen Bewusstseinserweiterung!

Der Griff ins Klo und
die Reunion der Greifenden

Ein DJ und ein Rapper im Proberaum des DJ, dieser Proberaum ist auch gleichzeitig, das Aufnahmestudio.

DJ: So, das ist mein Domizil, in dem wir jetzt erstmal unsere Zusammenkunft begießen! Trinkst du ein Bier!

R: Gerne Bruder!

DJ: (bringt Bier, sie trinken) So ,was hast du dir denn für ein Text für die Demo, die ich dir gab, ausgedacht?

R: Also, check it out!

DJ: Warte mal kurz, ich brauch eine kurze, kreative Pinkelpause! Bin gleich wieder da. (geht ab und ist nach kurzer Zeit wieder da) So, rap mal! Freu mich drauf! (lässt seine Musik laufen)

R: So, also was ich mir ausdachte, war, also, ich hoffe, es ist dir nicht zu sehr vom Mainstream entfern, weil, naja, der Text ist doch etwas…

DJ: Himmel, ich muss schon wieder, warte kurz, bin gleich wieder da! (geht ab und ist nach kurzer Zeit wieder da)

R: So eine Pissnelke!

DJ: Was sagtest du?

R: Nix!

DJ: Na ich meine, wie sollen wir uns nennen? Der Projektname gefällt mir!

R: Ach so, na, Die Kreas, dachte ich!

DJ: Ja, geht, klingt echt gut! Da muss ich ja schon wieder aufs Klo, da brauch ich mal wieder eine kreative Pinkelpause! (geht ab und kommt gleich wieder) Also, das mit dem Namen…

R: Also ich glaube, dass, na, unser Projekt ist ein Griff ins Klo!

DJ: Was redest du da? Hast du sie noch alle beisammen? Gib mir mal den Text, du Wanna Be!

R: Du bist ein Wanna Be!

DJ: Das geht mir jetzt ziemlich auf die Nerven, wie du mich in meinem Domizil behandelst! Ich bin ja ein Künstler und ich bin bekennender Verbalmasochist, also mir geht da schon mal einer ab, wenn Hater geistlose Schimpfwörter von der Stange lassen, aber das geht mir jetzt zu weit Digga! Finde ich nicht so toll, dass du dich meines Charakter bedienst!

R: Fuck You! Mir reicht es! Ich hau jetzt ab! Geh sterben! (geht ab)

DJ: Warte mal kurz! Also so, wie du eben abgingst und was du sagtest, bringt mich auf eine Idee, Mann! Du bist voll cool! Mein Plan wird mit dir voll aufgehen! Na, wie sieht es aus? Bist du dabei?

R: So sehe ich das auch, bei unserem Potential! Wir kommen ganz groß raus! Bin wieder dabei!

DJ: Yes Sir! Jetzt kommen wir ganz groß raus! Reunion!

Das tragikomische Verlies

(Reviermonolog in einem abgedunkelten Zimmer)

(ängstlich)Ich wurde eingeschlossen!

(wundernd)Ich habe mich eingeschlossen!

(freudvoll)Ich fühle mich frei! Juuchuuuu!

Dilletant

Wankende Wahrnehmung, nachzufragend im wahrsten Sinne
des Wortes nach, bietet das wackelnde Fundament!
Frag den Dilettant, lach ihn nicht aus, er ist zwar sehr leiden-
schaftlich beim und im Geschehen, jedoch obgleich des Wis-
sens, dass ein studierter Außenstehender besser beurteilen
kann, anstelle wenn er mittendrin wäre.
Reicht euch das Staffelholz, im Laufe der Zeit, ergänzt euch,
frag den Dilettant, Fundament muss sein, schützt vor Naturka-
tastrophen allerdings auch nicht unbedingt, dies weiß er auch!

Coffein

Coffein, Coffein,
ich habe das Gefühl,
ich brauche Coffein,
du wirkst wie Coffein auf mich,
ihr wirkt wie Coffein auf mich!

Coffein, Coffein,
ich habe das Gefühl,
ich brauche Coffein,
ich wirke wie Coffein auf uns,

wir wirken wie Coffein auf uns,
wie Coffein auf uns selbst!

Maßstab der Liebe

Den Maßstab deiner Ängste
und deiner Hoffnung setzt du dir selbst
und nicht Andere,
nur weil du daran denkst,
was dein Problem ist,
dass du ständig an das denkst,
was Andere denken,
darüber was du tust und denkst,
den Maßstab deiner Ängste
und deiner Hoffnung setzt du dir selbst,
du setzt ihn durch deine Liebe,
nicht durch deine Hiebe auf
Andere und dich selbst!

Oben und Unten
(Kanon)

Ich suche dich dort oben
und gar nicht dort unten,
wo du eigentlich bist!

Du bist für mich ein Stern,
deshalb suche ich dich oben
und gar nicht dort unten!

Ich suche dich dort oben
und gar nicht dort unten,
wo du eigentlich bist!

Du steckst tief in dem Dreck,
doch ich hole dich nicht raus,
denn ich suche dich oben!

Ich suche dich dort oben
und gar nicht dort unten,
wo du eigentlich bist!

ES IST LEICHTER NACH
STERNEN ZU GREIFEN,
ALS IN DER ERDE ZU GRABEN!

Ich suche dich dort oben
und gar nicht dort unten,
wo du eigentlich bist!

Volle Deckung! Eine aphoristische Granate,poetisch angahaucht!

Das brennende Verlangen,
die Hand aufs Herz,
der schrumpfende Stolz!

Zunge

Eine sagt, dass meine Zunge ein hervorragendes Instrument
sei, dass süßes Gift versprühe und sie in einen göttlichen
Wahnsinn treibe und eine Andere sagt, meine Zunge sei mein
größte Feind, ekelhaftes Gift versprühend, sie in einen teufli-
schen Wahnsinn treibe und alles zerstöre!
Ach ja, da haben wir es mal wieder, des einen Freud ist des
anderen Leid, ich versuche fortan stets süßes Gift zu versprü-
hen!
Hoch und heilig versprochen!

Daumenschraube

"Hoch, runter und quer, dann, nach rechts und links bewegen!
Hoch, runter und quer, dann, nach rechts und links bewegen!
Und weiter, jetzt nehmen sie den linken Daumen. Hoch, runter
und quer, dann, nach links und rechts bewegen! Sehe ich etwa
auf den billigen Plätzen jemand, der einfach so zum Spaß einen Führergruß macht? Sie Saft-Arsch, Ihnen will ich helfen,
durch Nachhilfe in Zahlenmystik! Aufstehen und 88 Kniebeugen, danach haben sie verstanden, dass für solcherlei Späße
hier kein Platz ist, Sie Saftsack! Und die anderen machen weiter! Hoch, runter und quer, dann, nach links und rechts bewegen! Gut so! Immer weiter!
Lauscht meinen Worten dabei!
Hoch, runter, gut, schlecht, von beidem zu viel oder zu wenig!
Er bestimmt was richtig oder falsch, ich und wir, das Teilen mit
allen, die angeblich immer da sind, wie es dort geschrieben
steht, er bestimmt, hoch, runter, er bestimmt, jetzt nicht mehr!
Jetzt habe ich es und klemme es ein, ich drehe und drehe!
Ich demonstriere das mal! Kommen sie mal her! Ja sie ausgelernter Zahlen-Mystiker, sie meine ich, kommen sie mal her
und geben sie mir mal ihren Daumen! Rechts oder links ist mir
doch gleich! So, ich nehme jetzt das durch Gier schwulstige
Ding und demonstriere, was ich meine! Ab in die Daumenschraube! Ich drehe und drehe, Schreie so lange als möglich,
Schreie wo keiner mehr hin hört, ich drehe und drehe! Zu!
So zum Abschluss noch eine Lockerungsübung!
Wir ballen beide Fäuste ganz fest und während wir die Hände
lockern, rufen wir ganz laut, küss mir doch die Füße, du perfides Zucker-Brot-Peitsche-System!
Dankeschön für Ihre Aufmerksamkeit und Ihr aktives Mitwirken!

Zeitgeister

Böse Geister sind überall, gerade dann, wenn du von allen guten Geistern verlassen! Dein pauschaltouristischer Zeitvertreib lässt Flucht vermuten! Flieh nicht! Die Zeit, die du vertreibst ist bitter nötig, sich dem Lauf des Lebens zu stellen, um aufrecht zu wandeln! Die Zeit holt dich eh ein, ob du willst oder nicht!

Sinn oder nicht Sinn?
Das ist hier die Frage!
Ganz gleich, wie weit mein Glaube reicht,
ganz gleich, wie weit entwickelt,
und wie fortgeschritten,
obgleich ich physisch, psychisch und geistig
abwesend bin oder sein will,
dies bestimmt den wahren Pfad,
der das individuelle Leben ausmacht!

Ausgelacht

Ihre Witze sind so flach,
wie meine Sportlehrerin,
einst in der höheren Schule,
sie handeln von Zwischenmenschlichkeit,
Politik und Geisteswissenschaft,
Witze-Prinzen werden gefeiert,
als wären es Volkshelden.

Das innigste Gefühl wird erhascht,
an dem Pranger geächtet,
Witze auf Kosten der Ausgelachten,
Hunderte, Tausende,

biegen sich krumm,
bis nichts mehr geht,
es wird ausgelacht.

Die Ausgelachten zürnen dem Witze-Völkchen,
sie halten nicht die andere Wange hin,
eiskalt wird der Gegenschlag ausgeklügelt,
sie spannen auf die Folter,
treffen den Nerv der Zeit,
die Warze im Arsch der Ulknudeln,
jetzt stehen sie drüber,
ha, ha, ha, ausgelacht!

Fremd

Fremd ist mir die Fremdenfeindlichkeit,
durchaus nicht, werde ich doch so oft mit ihr konfrontiert.
Mit den Vorurteilen, dem Gefühl dahinter und den Einstellungen.
Getuschelt, geheuchelt in dem Land, in dem ich geboren wurde
und Geborgenheit fühle und das mir doch immer fremder wird
durch fremdenfeindliche Handlungen.
Fremd soll mir und uns die Fremdenfeindlichkeit nicht werden,
hier und in der Fremde, wirkt es als immer unsichtbareres Gift,
dass in dunklen Ecken und an düsteren, geheimen Orten gedeiht,
da wir an diesen Orten keinen Einfluss mehr haben.
Bekannt ist, dass jeder Entscheidung ein Konflikt voraus geht
und diese Art von Konflikt muss offen ausgetragen werden, auf
das er uns nicht entfremdet und jeglicher Halt absolut verloren
geht!!

Schweigen

Ich sehe was, was du nicht siehst und das ist ...

Schweigen ist hier Platin wert, doch keiner kauft es einem ab,
zu schwer wiegt das königliche Stigmata auf dem Kopf!
Es spaltet sogar beinahe den Schädel!
Ja, da muss man alleine durch, keiner hilft einem!
Wenn man am Ziel ist, ja dann, wenn man am Ende ist, wenn
das Herz dafür aufgehört hat zu schlagen, dann sind sie da,
dann reißen sie es an sich und stellen es zur Schau in einer
Vitrine, setzen sich davor, gaffen und plappern darüber.
"Wie? Warum? Hm!"
Sie haben es gar nicht gesehen, gar nicht gefühlt, nicht ge-
schmeckt oder gar gerochen!
Sie meinen nur, sie haben davon gehört und jetzt spielen sie
"Stille Post" vor dieser Vitrine, wo das sagenhafte Schweigen,
allzu gut aufgehoben ist.

Eigener Rhythmus

Ich tanze nach meinem eigenen Rhythmus,
nach meiner eigenen Melodie und Text.
Hier an diesem verlassenen Ort.
Alt genug um zu wissen,
inspiriert von den ganzen Impressionen.
Ich tanze nach meinem eigenen Rhythmus bis es sitzt und
dann tanze ich danach in die Welt hinaus.
ich nehme es wahr,
die ganze Welt tanzt nach dem eigenen Rhythmus, die ganzen
Planeten tanzen nach ihrem eigenen Rhythmus,
alles tanzt nach dem eigenen Rhythmus.
Ich nehme es wahr,
es ist wahr.

Was für Vögel

Sie zwitschern vom "frei sein",
sie fühlen sich frei und sie
sind frei, wie ein Vogel

Frei wie des Omas Vögelchen und
flattern wild in ihren Käfigen,
frei bis das Herz gebrochen
und dadurch offene Rechnungen,
gestapelt den schiefen Turm
des Individuums bilden.

Wie Papageien im Zoo plappert
die Anhängerschar eigenartig
das Verhängnisvolle nach,
sie erlauben sich alles,
so frei fühlen sie sich
und einer dreht durch.

Für dieses Verbrechen muss sich
Omas Vögelchen verantworten,
vor einem hohen Gericht und
das Urteil fällt mit dem Hammer...

...Kunst!

Geladen

Das Instrument schlechthin,

für jeden Gebrauch,

ist in der Hosentasche!

Die Waffe ist geladen,

100%, voll geladen

und bereit zur Vollendung!

Stecker ziehen und aktualisieren!

Dagegen und dafür zu rebellieren,

bereit für den großen Umsturz!

Auch hier frisst die Revolution

die Kleinsten, die Pampers-Rocker

Diese Revolution hat auch ihren Preis!

Null das Instrument, vertraglich gesichert,

Dreißig im Monat und eine Laufzeit

von zwei Jahren ist spottbillig!

Auf das ich nicht lache!

Zwei Jahre härteste Parole,

dafür oder dagegen,

geladen und geballt,

in der Hosentasche der großen,

allzu großen Revoluzzer!

Geballt und geladen!

Geballte Faust! Geladene Waffe!

Geladen!

Den Alltag ruinierende Geschöpfe: Eine Lerche singt "carpe noctem"
und eine Nachtigall "carpe diem"! Herrlich!

Einen untragbaren "Alten Hut", tragbar machen!

Führe sie auf das Glatteis, gehe voraus,
rutsche dann affektiert darauf aus,
damit sie dem Anschein nach sehen,
wie es ist, mit dir zu gehen!

Hin und Weg

Kaum bin ich dort,
wäre ich auch gern wieder fort!
Und kaum bin ich fort,
wäre ich auch gern wieder dort!
Dort und fort und
fort und dort und
dort und fort und
fort und dort und
so weiter und so fort!
Die Schnelllebigkeit und
die Einsamkeit in trauter Zweisamkeit

Das
(Spiegelbild-Imperativ)

Das, genau das!
Nicht mehr und nicht weniger!
Das, genau das!
Nimm das, genau das!
Geh daran zu Grunde,
ganz langsam,
genieße es!
Das, genau das!
Immer wieder das!
Soviel zum Thema
Qualität und Quantität,
wenn es denn Quantität ist,
wenn es denn Qualität ist!? Das, genau das!

Transszendenz +

Bin ich ein Wunder der Evolution oder doch eher ein kläglicher Versuch aus den Launen der Natur heraus?

Zum Glück gibt es Transzendenz Plus; Ausdauer und das Ertragen des Nichts des Ganzen, erworben durch subtilste Philosophie für Körper, Seele und Geist, mir wurde versichert, es wäre das A und O des Lebens und jetzt fühl ich mich relativ sicher mit Transzendenz Plus!

"Es" wirbt für Fortpflanzung des Wesens, Barrieren können bequem beiseite geschoben werden und das Selige gedeihen?

Dank Transzendenz plus; …

Das Innigste, sei es noch so zerrissen, erlabt sich für Augenblicke an fragmentierten Taten, summa cum laute!

Ein Prosit auf Transzendenz Plus; …

Tragische Enden, seien sie noch so komisch, werden verworfen und sorgen als Gedankensprünge für Vernunft?

Auf immer und ewig, Transzendenz Plus; …

Konflikte, Reibereien, werden runter gebrochen auf Formeln, auf deren Lösung die Nichtigkeit baut und das "Nachdenken" suggeriert?

Ein dreifach donnerndes Transzendenz Plus; …

… Fortsetzung dieser "Klassischen Kondition" folgt!

Glaubt einfach an die Macht von Transzendenz Plus!!!

Ach so, ich rede von Klassischer Kondition und da fehlt ja noch die Geräuschkulisse! Da nehme man einfach den Aha-Effekt, es hat "Klick" gemacht! Ist halt eine vermummte "Klassische Kondition"

Transzendenz + XXL

Laien und Experten sinnieren über den Sinn der Nachhaltigkeit, über die Null, worauf es hinausläuft, über Besitz, Titel und Bedeutung, über alles im Diesseits, was nicht mit ins Jenseits genommen wird, alles, in eigentlich relativ wenig Quadratmetern?

Last but not least, Transzendenz Plus; Ausdauer und das Ertragen des Nichts des Ganzen, erworben durch subtilste Philosophie für Körper, Seele und Geist! Mir wurde versichert, es wäre das A und O des Lebens und jetzt fühl ich mich relativ sicher mit Transzendenz Plus

Der Wortkaiser

In einer relativ gut besuchten Bar, die als Veranstaltungsort dient.
Es betritt der Veranstalter unter regem Beifall die Bühne.

Veranstalter: Einen wunderschönen, guten Abend, meine angehenden Vaterschaftsklagen, die Damen und Gottes erster Geniestreich, die Herren!
Freunde des gepflegten Slam, herzlich willkommen, hier in meinem "Kack Zu".
Den ersten Gast den ich euch mitgebracht habe, den brauch ich euch nicht groß vorstellen, ihr kennt und liebt ihn, er ist aus der Hauptstadt und hat sich mal wieder einen Text aus dem Anus gezogen...der Slammer aller Slammer, der Ein Mann Gefangenen Chor, hier ist für euch, der Wooortkaiser!

Der Wortkaiser betritt sehr selbstbewusst die Bühne, züngelt das Mikrofon und gibt noch andere Posen zum Besten.

Der Wortkaiser: Hallo, ja er sagte es bereits, ich bin extra aus der Hauptstadt hier her gekommen, um euch zu beglücken und den Text den ich dabei habe, ist ein sehr persönlicher Text und es sei noch gesagt, ich lebe meine Worte und nun gut...viel Spaß! (Er geht einen Schritt zurück und legt pathetisch los).
Sprachblockade...Sprachblockade...Sprachblockade!
Sprich, sprechen, Sprache! Sprachblockade!
(Dazu macht er Figuren wie ein Hampelmann und fordert das Publikum auf, mitzumachen).
Blockade! Sprachblockade! Block...Blockade!
Sprachblockade! Dankeschön!

Unter stürmischem Beifall geht er gemächlich von der Bühne.
Der Veranstalter geht an ihm vorbei und klopft ihm dabei auf die Schulter und geht ans Mikrofon.

Der Veranstalter: So jetzt seid ihr heiß, jetzt seid ihr bereit für den Newcomer aus der Provinz. Lasst euch mit mir überraschen, sein Name allein ist schon Poesie pur, hier ist für euch...Philipp, Noel, Balthasar, Diether, Thomas, Jerome, Franz, Josef, Herold, Jonathan, Archimedes, Sean...hier ist Schmitt-Günther-Müller!

Unter recht großem Applaus betritt er unsicher die Bühne!

Philipp Noel...: (Sehr nah am Mikro) Hi, äh, mein erster Auftritt, ich bin natürlich etwas aufgeregt, mein letztes Referat in der Hochschule, liegt schon etwas zurück, hab aber sehr gut geübt und ich hoffe es ist was für euch! Der Text heißt "Nummern Ladylike". Ok, ich leg dann mal los...0176...Barbara, 0152...Lara...0163...Rita...

Der Veranstalter kommt auf die Bühne, schnappt sich das Mikrofon und schickt ihn von der Bühne.

Der Veranstalter: Dankeschön Schmitt-Günther-Müller! War wunderbar! (Dieser geht, sich bedankend, von der Bühne). So ihr Lieben, ihr habt die Qual der Wahl, euer Applaus entscheidet! Lasst mal hören wer eure Gunst erworben! Bitte Applaus für den Wortkaiser! (Stürmischer Beifall). Und jetzt bitte für den Newcomer! (Er lässt es erst gar nicht soweit kommen) Ja, das war klar, der Sieger steht fest, auf die Bühne Wortkaiser! (Er betritt, sich im Beifall sonnend, sein Reich). So Wortkaiser, du kennst das ja, hier dein Preis, unseren lebenden Wanderpokal, eine Nacht mit unserer Thekenschlampe Sybille!

Der Wortkaiser: Jaaa! Fuck, yeah, hell yeah! Dankeschön!

Mein persönlichstes Gedicht zum Abschluss,

in Gedenken an:

Nicolai

Die Bedeutung deines Namens!

Sieger des Volkes!

Kein Märtyrer, kein Sündenbock!

Grenzüberschreitung mit jugendlicher Wucht!

Versucht, ertastet gescheitert!

Du wolltest ewig Kind bleiben!

Erwachsen sein, ist nicht mehr!

Von Mutter Natur, gewaltig nehmen lassen!

Nach drei Tagen wieder gegeben!

Schleuderst dein wahres Bild,

in die Vorstellung und nackte Realität,

der Hoffnungslosen und

ewig Liebenden!

Wahrhaftig von mir gesehen, bei der Geburt,

im Leben, deine guten Taten und

als du dagegen warst, gegen

Erzeuger und Zeigefinger!

Wahrhaftig gesehen als Letztes und du

schenkst mir Leben und Liebe!

Mit voller Wucht herrscht Liebe gegen Angst!

Dank dir, wahrhaftig wahrgenommen!

Schuld gegeben, Schuld genommen!

Schuld trifft Niemand, wahrhaftig!

Keine Angst mehr vor dieser Angst!

Nur noch wahre Liebe!

Kraft sie weiterzugeben, keine Macht,

dass sie angenommen wird!

Dieser eine Moment!

Sieger des Volkes!

Joachim M. Karius

Inhalt:

Gedichte, Szenen und Aphoristische Granaten, die aphoristisches Unkraut(teils poetisch angehaucht) streuen, damit keiner mehr sagen kann, es wäre gegen Dummheit kein Kraut gewachsen!

Alle messerscharfen Beobachtungen kommen direkt oder indirekt aus dem tragikomischen Leben!

Über Wirkung und Nebenwirkungen gebe ich gerne Auskunft im World Wide Web unter „Der Vermummte Philosoph J. M. K."

Danke an alle die mich kennen oder kennenlernen möchten, an Freund und Feind, alle die mit mir Liebe und oder Angst teilen möchten!

Mein Motto und Motiv: Leben! Auf den Punkt bringen! Abwarten und Coffein zu sich nehmen, bis das der Tod mich davon scheidet!

Liebe Grüße,

euer synthesegeiler J. M. K.

Zeitfracht Medien GmbH
Ferdinand-Jühlke-Straße 7
99095 Erfurt, Deutschland
produktsicherheit@kolibri360.de